ET LES

ACCIDENTS DU TRAVAIL

PAR

RAOUL VIMARD

DOCTEUR EN DROIT

Prix : **15** Centimes

1908

ÉDITÉ PAR LA BRANCHE FRANÇAISE DE L'U. O. G. T.
au Siège des Annales Antialcooliques
rue de Tocqueville, PARIS XVII

PÉRIODIQUES ABSTINENTS ET JOURNAUX DE L'ORDRE

Annales Antialcooliques (Voir 4e page couverture).

L'Abstinence (Suisse) : Rédact. Fr. HERCOD, Les Feuillantines, à Lausanne.

Schweizerische Abst. Blaetter (Suisse) : Rédact. Fr. SCHONENBERGER. — Administ. Fr. JOOS-BARSCHLIN, à Schaffouse.

Deutscher Guttempler : Rédact. Fr. ASMUSSEN. — Administ. Fr. JEPSEN, à Flensburg (Allemagne).

The Good Templars' Watchword (Angleterre : Administration : 162, Edmund Street, à Birmingham.

Minner (Suède) : Réd. Fr. BERGMAN, à Norrkoping.

Reformatorn (Suède) : Réd. Fr. EKLUND, 39, Jekolsbergsgatam, Stockholm.

Az Alkeholismus : Réd. Fr. Dr DOCZI (Budapest).

OUVRAGES A RÉPANDRE

L'Ordre Indépendant des Bons Templiers. Broch. de vulgarisation, par le Dr LEGRAIN. 0 15

Un réformateur social : L'Ordre des Bons Templiers, par le Dr FOREL. 0 15

L'Alcoolisme. Ses effets pernicieux au point de vue physique, intellectuel et moral, par le Dr LEGRAIN 0 50

Le Médecin et l'Alcool, par le Dr LEGRAIN. 0 40

La Réforme du Cabaret et les Restaurants de Tempérance. Ouvrage couronné par l'Académie des Sciences morales et politiques (prix Carlier), par le Dr et Mme LEGRAIN. 1 50

De l'impuissance croissante des femmes à allaiter leurs enfants. Causes de cette impuissance et moyens d'y remédier, par G. VON BUNGE, professeur à l'Université de Bâle, traduction par le Dr LEGRAIN. 0 75

Actes du VIIe Congrès Antialcoolique, Session de Paris, 1899. 2 forts volumes . . . . 5 fr.

En Suède, impressions et notes de voyage d'un abstinent, par le Dr LEGRAIN. 0 75

La Cure des Buveurs, par Mme LEGRAIN 0 20

Restaurants de Tempérance, par Mme LEGRAIN 0 15

Le Repos du Dimanche comme remède à l'Alcoolisme, par le Dr LEGRAIN. 0 15

Pourquoi les hommes usent-ils de stupéfiants, par TOLSTOI. . 0 80

Dr PIERRE. — *Le Semeur* 0 80

Dr DÉRICQ. — *Petites Chroniques antialcooliques* 0 80

Dr LEGRAIN. — *Tuberculose, Alcoolisme et Assistance rationnelle.* Mémoire présenté au IXe Congrès international contre l'Alcoolisme. — Brême, 1903. . . . . 0 15

E. LEGRAIS. — *Pourquoi l'Alcool n'est pas un aliment. Nouvelle réponse à M. Duclaux*. 0 15

Dr LEGRAIN. — *Mangez du raisin* 0 20

Stockholm (Congrès antialcoolique de 1907), par le Dr LEGRAIN 0 60

BIBLIOTHÈQUE DES BONS TEMPLIERS DE FRANCE

L'Alcoolisme

ET LES

ACCIDENTS DU TRAVAIL

PAR

RAOUL VIMARD

DOCTEUR EN DROIT

*Prix : **15** Centimes*

1908

ÉDITÉ PAR LA BRANCHE FRANÇAISE DE L'I. O. G. T. n.

au Siège des **Annales Antialcooliques**

14, rue de Tournon, PARIS VIᵉ

DU MÊME AUTEUR

(123, Boulevard Saint-Germain, PARIS VIᵉ)

La situation économique et l'ave-
nir de l'Industrie cotonnière en
France, *un fort volume* **3 00**

De la Ville aux Champs, *bro-
chure* **0 10**

Lettres ouvertes sur la Peine de
Mort, *plaquette* **0 50**

L'ALCOOLISME

et les

ACCIDENTS DU TRAVAIL

La loi du 9 avril 1898 sur les accidents du travail a été appliquée pendant un temps assez long et son domaine a été à la fois assez largement étendu et assez nettement délimité pour qu'on puisse, en s'appuyant sur une expérience copieuse et sur des statistiques abondantes, hasarder une appréciation et de la législation nouvelle et des charges que les accidents du travail font peser sur l'industrie et le commerce, disons mieux, sur la vie économique tout entière.

Car — il ne faut pas se le dissimuler — il n'y a pas que les industriels et les commerçants qui aient à souffrir du grand nombre d'accidents dont sont atteints leurs ouvriers et leurs employés.

En réalité, tout accident constitue pour la société une perte subie, une richesse gaspillée, une force de production détruite. Il n'est pas indifférent pour cette société qu'un de ses membres soit privé d'un bras ou d'une jambe ; cet invalide ne tiendra plus sa place, ne fera plus sa partie dans le chœur, ne jouera plus son rôle dans le drame économique. L'œuvre de production subira une irrémédiable, une définitive diminution.

Sans doute, la loi parle de réparation du préjudice causé, de rente constituée, d'indemnité versée. Mais le montant de cette indemnité (ou plus exactement le double de cette indemnité, car on ne verse à l'ouvrier que la moitié du dommage subi par lui), indique précisément la valeur de la perte sociale accomplie, indique la valeur de la force de travail anéantie.

Au surplus, qui la paie cette indemnité ? L'assureur du patron, soit, mais plus exactement le patron lui-même sous forme de prime d'assurance, mais plus exactement encore nous tous vous, moi, nous les autres ouvriers, les autres employés, les autres patrons, nous tous les membres de la société, nous tous les consommateurs.

Oui, c'est nous les consommateurs qui payons les accidents du travail, comme c'est nous qui payons les droits de douane, qui payons les patentes, qui payons les impôts sur la terre, sur les maisons, sur les consommations. C'est nous qui payons les accidents du travail, car le prix des produits que nous consommons augmente en définitive proportionnellement aux charges (primes d'assurances comprises) qui pèsent sur la production.

Enfin les ouvriers eux-mêmes doivent se préoccuper, comme les patrons, du risque d'accident. La rente qui leur sera allouée, n'équivaudra pas à la diminution de salaire subie par eux, mais seulement à la moitié de cette diminution. Au surplus, une rente, quelle qu'elle soit, ne vaudra jamais pour un homme intelligent, vaillant, normal et bien vivant un bras ou une jambe perdus, un cerveau détraqué, ou un œil crevé.

Ainsi ce ne sont pas quelques rares personnalités qui doivent seules travailler à réduire le nombre des accidents ; ce souci doit être commun à tous, par charité pour les estropiés de demain — mais aussi par intérêt économique bien compris.

*
* *

Or parmi les différentes causes des accidents du travail, il n'en est sans doute pas de plus grande que l'alcoolisme de l'ouvrier.

Cette cause-là se superpose à toutes les autres, aux travaux dangereux qu'elle rend plus dangereux, aux machines mal protégées qu'elle rend plus traîtresses, aux imprudences et aux négligences qu'elle rend plus fréquentes, aux infractions aux prescriptions et règlements qu'elle rend plus inconscientes.

Certes les industriels se sont efforcés de réduire autant que possible ces diverses causes d'accidents : ils ont même constitué une association dans ce but, l'Association des industriels français contre les accidents du travail, que dirige avec un soin éclairé M. H. Mamy.

Mais les mesures prises par les industriels contre l'alcoolisme sont vraiment insignifiantes. Très rares sont les patrons qui s'intéressent à notre propagande, qui encouragent nos efforts, qui secourent pécuniairement notre campagne. Ils ne semblent pas avoir compris qu'une partie de la prime d'assurance qu'ils versent avec tant de regret représente le prix de l'alcoolisation, de l'éthylisme de leurs ouvriers et de leurs employés.

Cependant qu'ils veuillent bien réfléchir à ceci :

L'alcoolisme entraîne quelques conséquences physiologiques fort dangereuses pour l'ouvrier.

Il amène d'abord et rapidement un certain tremblement des

...embres très caractéristique et une incoordination des mouve-
ments très remarquable.

D'autre part, il s'attaque aux facultés sensorielles, il diminue
l'acuité auditive et surtout l'acuité visuelle. Les troubles de la
vision, connus sous le nom d'amblyopie, sont un des phénomè-
nes les plus fréquemment observés chez les éthyliques.

Il faut noter que l'alcool encore ruine les facultés cérébrales,
qu'il diminue l'attention et crée une sorte d'engourdissement
intellectuel, d'empâtement mental particulièrement dangereux
pour un homme qui travaille au milieu de poulies, de courroies, de machines-outils, toujours prêtes à happer un doigt ou
une épaule.

Encore faut-il ajouter que l'action de l'alcool sur l'organisme,
rend l'ouvrier plus aisément suggestible, moins résistant aux
impulsions des camarades blessés, moins capable de se défen-
dre contre le désir inconscient d'abord, conscient plus tard
d'un accident qui fera de lui un rentier comme un bon nombre
de ses compagnons d'atelier.

Toutes ces raisons suffisent à expliquer comment et pourquoi
l'alcoolisme engendre des accidents de plus en plus nombreux.

Malheureusement les statistiques que nous possédons n'ont
pas été établies avec l'intention d'évaluer la responsabilité de
l'alcool dans la survenance des accidents. Il faut interpréter les
quelques données que les chiffres nous fournissent.

Ces données suffisent d'ailleurs pour affirmer que cette responsabilité de l'alcool est considérable.

Notons d'abord que parmi les professions où les accidents
sont les plus fréquents figurent tout naturellement celles où les
travailleurs sont notoirement les moins tempérants.

De toutes les professions, la plus éprouvée est celle de débar-
deur, de calfat, d'entrepreneur de chargement et de déchargement de navires ; la prime d'assurance pour ce risque atteint
jusqu'à 17 et 18 0/0 des salaires ; or on sait de reste quels
clients fournissent aux mastroquets les travailleurs des quais.

Les charretiers, les ouvriers du bâtiment, les terrassiers,
tous en général grands buveurs, sont également décimés par
les accidents du travail.

Les ouvriers des brasseries et distilleries, qui travaillent cependant sans courir beaucoup de dangers spéciaux, comptent un
très grand nombre de blessés ; au contraire, les imprimeurs et
lithographes qui vivent au milieu des machines, mais qui en
moyenne sont relativement sobres, sont peu éprouvés et pour
eux la prime d'assurance ne dépasse pas généralement 1 0/0.

Si l'on considère, d'autre part, les mois dans lesquels surviennent les accidents, on s'aperçoit, d'après les statistiques allemandes (les seules qui fournissent des renseignements à ce sujet) que les mois où les sinistres sont les plus
nombreux sont les mois d'été, c'est-à-dire les mois où l'on boit

— 6 —

davantage. En partant du coefficient 1 pour le mois moyen, on trouve en effet, d'après la statistique de 1897, que les mois doivent recevoir les coefficients suivants :

Janvier............	0,93	Juillet............	1,09
Février............	0,92	Août	1,03
Mars.............	0,91	Septembre........	1,11
Avril.............	0,90	Octobre	1,08
Mai..............	0,99	Novembre........	1,06
Juin.............	1,01	Décembre........	0,97

Sans doute, on ne manquera pas de chercher d'autres explications que l'usage de l'alcool, la durée de la journée de travail par exemple ; mais cette durée est au contraire plus grande en avril et mai qu'en septembre et octobre.

Voici qui est d'ailleurs plus probant.

Entre les jours de la semaine, les accidents se répartissent de telle façon que, quelle que soit la statistique que l'on considère, avec une invariable régularité le lundi et le samedi sont les jours où surviennent le plus grand nombre d'accidents.

En admettant la donnée fixe d'un accident par jour pour la moyenne de l'année, on trouve pour les statistiques allemandes de 1887 et 1897 les coefficients suivants :

	1887	*1897*
Dimanche	0,19	0,18
Lundi.......................	**1,18**	**1,23**
Mardi.......................	1,10	1,17
Mercredi	1,15	1,10
Jeudi.......................	1,09	1,10
Vendredi....................	1,16	1,06
Samedi......................	1,13	1,19

En France, la statistique établie par le Syndicat de garantie du bâtiment et de l'entreprise, fournit les renseignements ci-après sur le jour où sont survenus les accidents réglés par lui pendant l'année 1906 :

	BÂTIMENT	TRAVAUX PUBLICS
Dimanche	292	263
Lundi.......................	**954**	**911**
Mardi.......................	706	764
Mercredi	667	724
Jeudi.......................	685	705
Vendredi....................	674	658
Samedi......................	749	715

Quelle autre explication plausible peut-on donner de ces chiffres que celle qui consiste à invoquer l'influence de l'alcool absorbé le dimanche ?

Les ouvriers — c'est évident — ont mal aux cheveux le lundi, ils ont la *bouche de bois*, parce qu'ils ont trop bu la veille. Leurs mains tremblent, leur attention est assoupie, leur intelligence obnubilée, leur vue troublée par des vertiges. Est-il étonnant qu'alors plus qu'à tout autre moment on ait à enregistrer des contusions, des luxations, des brûlures, des coupures, des fractures ?

Sans doute, on invoque — pour décharger l'alcool — le repos du dimanche pendant lequel l'ouvrier aurait perdu l'habitude de la machine, de l'outil et serait devenu subitement maladroit. Est-ce vraisemblable ? Et n'est-il pas plus logique de penser que le repos a accru sa dextérité, sa souplesse et son habileté, de même que la fatigue de la semaine avait entraîné ses maladresses et les accidents relativement nombreux du samedi ?

Sans doute, on invoque encore la griserie du grand air. Hélas ! combien d'ouvriers connaissent cette griserie ? La plupart restent dans les faubourgs, enfermés dans les salles fumeuses des bouges, et ils se grisent, non d'air pur, non d'espace et de lumière, mais de vin épais, d'absinthe et d'eau de mort.

En vérité, c'est l'alcool, et l'alcool seul qu'il faut incriminer. Et sa responsabilité est d'autant plus grande que moins d'ouvriers travaillent ces terribles jours si riches en accidents.

L'habitude de faire le lundi, de fêter le *blauer Monntag*, de cuver son vin dans la paresse est répandue partout.

Une statistique allemande indique que le lundi le nombre des absents atteignait, en 1899, 9,29 % des travailleurs. Des chiffres publiés par une importante usine de Hambourg établissent que, le lundi, sur 9.128 ouvriers occupés normalement, on observe qu'en moyenne 135 ouvriers sont arrivés au travail avec un retard de plus d'une demi-heure, 211 avec un retard de plus de deux heures, 901 ne sont pas venus de tout le jou.. Or les absents sont sans doute les plus malades et contribueraient, encore par conséquent à accroître le nombre des accidents.

Voilà sans doute assez de documents qui paraissent bien établir quel grand rôle joue l'alcool dans la survenance des accidents.

Pour terminer cette hâtive démonstration, je me borne à citer deux faits.

Une importante entreprise de déchargement de navires de Paris était frappée d'un si grand nombre de sinistres graves qu'elle voyait sa prime d'assurance augmenter sans cesse. Les accidents survenaient surtou. le jour de l'embauchage. Les ouvriers, des trimardeurs, n'avaient souvent pas mangé la veille ; dès qu'à neuf heures du matin ils avaient reçu l'acompte qu'on avait l'habitude de leur verser, ils quittaient le chantier pen-

dant le repos et couraient, non pas manger, mais boire. Le directeur supprima l'acompte, interdit la sortie et distribua à ses ouvriers du pain et du saucisson. Depuis plus de quatre ans que ce nouveau système fonctionne, il n'est plus survenu dans l'entreprise que des accidents insignifiants.

Un bon nombre d'industriels de la région d'Hildesheim ont l'habitude de fournir de la bière et de l'eau minérale à leurs ouvriers. Or, des chiffres publiés par leur syndicat il résulte que, quand la consommation de l'eau augmente. le nombre des accidents diminue.

	Bouteilles de bière par ouvrier	Bouteilles d'eau par ouvrier	Accidents par 100 ouvriers
1897	Trafic libre	0	15,11
1898	id.	0	11,16
1899	id.	0	11,60
1900	id.	0	9,47
1901	452	15	5,70
1902	412	17	4,91
1903	374	21	3,36
1904	388	29	3,20

J'ajoute que ces industriels ont pris soin d'encourager la propagande antialcoolique dans la région — et que pécuniairement ils s'en félicitent[1].

* *

Jusqu'à présent, nous n'avons envisagé que la première partie des conséquences de l'alcoolisme sur les accidents du travail ; nous n'avons noté que l'influence prédisposante de l'alcool, que son rôle dans la production de l'accident. Il nous reste à considérer son influence aggravante, son rôle dans les suites de l'accident, dans la consolidation du traumatisme survenu.

Ce sujet devrait être traité par un médecin ; aussi je m'en tiendrai à quelques indications.

---

[1] Un autre établissement, la direction des usines métallurgiques Roehling à Volklingen-sur-Sarre, a décidé de faire bénéficier ses ouvriers de *primes contre l'alcoolisme*. D'un avis de la Direction, concernant les travailleurs de ces usines, nous retenons ce qui suit :

« Par la présente nous faisons connaître que nous avons été amenés à constater que ce sont les ouvriers métallurgistes, qui ne boivent absolument pas d'alcool, qui ont le plus de valeur.

» Nous avons donc décidé que les ouvriers qui feraient partie de la Loge des Bons Templiers pendant plus d'une année bénéficieraient de primes suivant l'échelle suivante : les ouvriers qui ont été membres de la Loge pendant un an, recevront une prime de 10 marks par trimestre ; les ouvriers qui seront restés membres de cette Loge pendant deux ans verront la prime s'élever de 5 marks soit 15 marks par trimestre, et pour chaque nouvelle année de sociétariat à la Loge des Bons Templiers la prime s'augmentera de 5 marks. »

Voici d'abord un extrait de l'excellent *Précis de médecine des accidents du travail*, des professeurs Ollive et Le Meignen, de Nantes :

« L'*Alcoolisme* chronique crée un terrain très favorable à
» tous les accidents septiques ; Verneuil a depuis longtemps
» signalé le cas où la septicémie et la gangrène emportent
» rapidement les blessés alcooliques. Cette intoxication ralentit
» beaucoup la réparation des plaies et prédispose aux hémor-
» ragies. Maussire a rassemblé un certain nombre de faits où
» le retard apporté à la guérison a été des plus notables ; c'est
» ainsi qu'une amputation de jambe demanda trois mois avant
» d'arriver à la cicatrisation ; qu'une amputation de cuisse ne
» permit la sortie de l'hôpital que neuf mois plus tard. Le
» même auteur relate les travaux d'Abbott sur la diminution
» des globules blancs chez les alcooliques et la moindre résis-
» tance aux infections streptococcique et colibacillaire ; ceux
» de Laav-Laitinen sur la diminution de l'alcalescence, du
» nombre des globules blancs et des qualités bactéricides du
» sang ».

D'autre part, nul n'ignore combien l'intoxication alcoolique en viciant le sang, comme dit le peuple, prédispose aux terribles complications des accidents bénins, aux phlegmons, aux lymphangites, à la gangrène. Le nombre des plaies qui n'en finissent pas de se guérir, des piqûres qui s'enveniment, qui donnent naissance à des abcès, des traumatismes légers qu'aggrave le diabète d'origine éthylique est vraiment stupé-fiant et tous les chirurgiens qui ont l'habitude de soigner les blessés du travail pourront en témoigner.

Je cite seulement un cas entre des milliers : un manœu-vre nommé B... tombe en travaillant ; le médecin délivre un certificat constatant une foulure du poignet-droit et une écorchure superficielle de la main et prévoyant un chômage de huit jours. L'accident aurait dû coûter 12 fr. au patron. Par suite de l'éthylisme du blessé, les écorchures se sont compli-quées d'abcès, le chômage a duré 82 jours, l'accident a coûté au patron 162 fr. y compris les frais médicaux.

On sait que, en dehors de tout cas d'accident, l'alcool, même consommé modérément, augmente la morbidité et la mortalité. Les compagnies d'assurances anglaises sur la maladie comp-tent en moyenne 26 semaines de maladie par assuré en cinq ans ; la société d'assurance réservée aux abstinents « *Sons of Temperance* » ne compte que 7 semaines. D'autre part, en 15 ans, la Cie *The Sceptre* d'assurances sur la vie a obtenu, dans sa section générale, un rapport de 80,34 0 0 entre les décès survenus et les décès prévus, alors que, dans sa section abstin-ente, ce rapport n'a été que de 56,37 0/0.

N'est-il donc pas naturel que l'alcool augmente également la morbidité et la mortalité des blessés du travail ?

J'ajoute, pour finir, que l'alcool qui fait les aliénés et les délirants, est un sérieux facteur de neurasthénie traumatique, d'hystérie de rente et de « sinistrose ».

**

Puisqu'il produit des accidents et qu'il aggrave les accidents survenus, l'alcoolisme devrait être combattu par tous ceux qui cherchent soit par intérêt, soit par philanthropie à réduire le nombre des sinistres.

Or, on prend soin d'entourer les meules, de distribuer des lunettes que les ouvriers ne portent pas, d'envelopper les scies, d'isoler les courroies, d'entourer d'une barrière les volants — mais contre l'alcool on ne fait rien... ou si peu !

Beaucoup de patrons seraient d'ailleurs mal venus à reprocher à leurs employés et ouvriers l'usage et l'abus des boissons enivrantes, car l'alcoolisme n'est pas le produit de la misère, ni le privilège à rebours de la classe ouvrière : il est aussi le produit de la richesse : il est le vice du riche comme le vice du pauvre ; tous les français sont égaux devant la bouteille ; le flacon diffère seulement de couleur et de contenu suivant le rang social des buveurs.

En somme, l'ouvrier qui boit suit l'exemple du patron qui boit et les conseils d'un État qui tire une partie de ses revenus des droits sur l'absinthe sacrée.

Et si un jour le patron supporte les charges pécuniaires d'un accident que l'alcool a causé, si les tribunaux refusent de laisser peser sur l'ouvrier seul les conséquences de son intoxication alcoolique, s'ils refusent de considérer l'ivresse comme une faute inexcusable, ce n'est que justice.

L'ivrognerie, l'alcoolisme ne sont pas des fautes inexcusables de l'ouvrier blessé : l'ivrognerie, l'alcoolisme sont des fautes inexcusables, des fautes inexpiables de la Société tout entière, des fautes inexcusables dont sont responsables les mœurs, les habitudes, les préjugés, toutes les classes, les buveurs, les jouisseurs, ceux qui trouvent leur joie à s'irriter le gosier, à se brûler le palais, à se détraquer l'esprit, les pauvres et les riches, les bourgeois et les prolétaires, les patrons et les employés, les fainéants et les salariés, les industriels et les ouvriers.

En vérité, il est juste que tous ceux-là qui sont des consommateurs supportent la charge économique que l'alcoolisme, générateur d'accidents, fait peser sur la Société.

Que si, cependant, patrons, ouvriers, consommateurs veulent voir diminuer cette charge, veulent voir décroître le nombre des accidents du travail, alors qu'ils nous aident, qu'ils secondent nos efforts.

Patrons, pour que les accidents soient moins nombreux ; pour que les primes d'assurance n'aillent pas indéfiniment en croissant ; pour que vos machines et vos travaux mutilent moins de salariés ; pour que les malfaçons, conséquences des maladresses, disparaissent peu à peu ; pour que votre personnel soit moins brutal ; pour que vos usines produisent davantage ;

ouvriers, pour que les scies coupent moins de doigts, pour que les tombereaux écrasent moins de charretiers, pour que les poulies entraînent moins de bras ; pour que vous n'en soyez pas sans cesse réduits à des demi-salaires ; pour que vous ne soyez plus autant exposés à des incapacités permanentes de travail que la loi ne répare qu'à moitié ;

consommateurs, pour que les prix n'augmentent pas sans limite ; pour qu'une production moins coûteuse vous offre des produits meilleurs et plus abondants ; pour que la vie vous devienne moins dure ;

braves gens, pour que moins de pauvres diables tombent des échafaudages, soient estropiés par les machines, brûlés par les aciers ardents, tués par l'électricité, mutilés par le mécanisme compliqué de l'outillage moderne ; pour que moins de misères attristent votre milieu ; pour que moins de spectacles lamentables enlaidissent la vie ; pour qu'il y ait sur terre moins de malheureux, moins d'idiots, et moins d'infirmes ;

tous, pour soulager votre conscience et pour faire le bien ; soyez avec nous, aidez-nous, faites de la propagande autour de vous ; donnez l'exemple de l'abstinence ; conservez la maîtrise et le respect de vous-mêmes ; rompez avec les habitudes de boisson ; renoncez à célébrer vos jours de joie en buvant sans avoir soif ; renoncez à noyer vos chagrins dans votre verre ; renoncez à demander de l'espérance à votre bouteille ; combattez l'alcoolisme.

Et alors — mais alors seulement — vous verrez décroître le nombre des accidents du travail !

Raoul VIMARD.

CAHORS, IMPRIMERIE A. COUESLANT. — 10.855